CONTENTS

MANUAL DEFINITIVO DE COMPRAS

INTRODUÇÃO

Começaremos abordando as funções básicas do setor, depois trabalharemos item por item. Será uma leitura rápida e dinâmica porém com muito conhecimento, não se contenha apenas com este livro, conhecimento é uma busca por uma melhoria continua, infinita.

Em temas e técnicas que achar que precisa de mais conhecimento, use o livro como um mapa, um guia no qual te dará um caminho para seguir de forma mais rápida e concisa. Vamos então começar nossa rápida jornada.

O setor de compras em uma empresa é responsável por adquirir os produtos, serviços e materiais necessários para que a empresa possa operar de maneira eficiente e eficaz. Esse departamento desempenha um papel crucial na gestão dos recursos da empresa, influenciando diretamente os custos, a qualidade dos produtos e serviços, bem como a disponibilidade de materiais essenciais. Aqui está um resumo de como o setor de compras geralmente funciona:

1. Identificação de Necessidades: Os departamentos internos da empresa, como produção, marketing, tecnologia da informação, entre outros, identificam suas necessidades de produtos e serviços. Essas necessidades podem incluir matérias-primas, equipamentos, serviços terceirizados, software, suprimentos de escritório e muito mais.

2. Planejamento e Orçamento: Com base nas necessidades identificadas, o setor de compras trabalha em estreita colaboração com outros departamentos para planejar e estabelecer um orçamento para as compras. Isso envolve determinar quantidades, prazos e especificações dos produtos ou serviços necessários.

3. Pesquisa de Fornecedores: O departamento de compras pesquisa e identifica fornecedores que possam atender às necessidades da empresa. Isso envolve avaliar a reputação, qualidade, preços, prazos de entrega e outros fatores relevantes de vários fornecedores.

4. Solicitação de Propostas (RFQ/RFP): Dependendo da complexidade da compra, a empresa pode solicitar propostas formais dos fornecedores. Isso pode ser feito por meio de uma Solicitação de Cotação (RFQ) para compras simples ou por meio de uma Solicitação de Proposta (RFP) para compras mais complexas.

5. Seleção e Negociação: Com base nas propostas recebidas, o setor de compras analisa as ofertas dos fornecedores e seleciona aqueles que melhor atendem aos requisitos da empresa. Em seguida, inicia-se o processo de negociação de termos, preços e condições.

6. Emissão de Pedidos de Compra: Após a negociação bem-sucedida, o setor de compras emite os pedidos de compra para os fornecedores escolhidos. Esses pedidos detalham os produtos ou serviços específicos, quantidades, preços e prazos de entrega.

7. Acompanhamento e Recebimento: O setor de compras acompanha os pedidos para garantir que eles sejam entregues conforme acordado. Isso inclui monitorar os prazos de entrega, garantir que os produtos estejam em conformidade com as especificações e resolver quaisquer problemas que possam surgir durante o processo de entrega.

8. Gestão de Relacionamento com Fornecedores: O departamento de compras mantém um relacionamento contínuo com os fornecedores, avaliando seu desempenho, qualidade dos produtos e serviços, cumprimento dos prazos e buscando oportunidades de melhorias e colaboração.

9. Gerenciamento de Inventário: O setor de compras também desempenha um papel no gerenciamento do inventário da empresa,

garantindo que os níveis de estoque estejam otimizados para atender às demandas da empresa sem excessos ou escassez.

10. Análise e Melhoria Contínua: Após a conclusão das compras, o departamento de compras analisa o desempenho da cadeia de suprimentos, identifica oportunidades de redução de custos, melhorias na eficiência e otimizações nos processos de compra.

É importante notar que o funcionamento do setor de compras pode variar dependendo do tamanho da empresa, da indústria em que atua e de outros fatores específicos. No entanto, esses passos gerais fornecem uma visão geral do processo de compras em uma empresa típica.

Não apenas comprar, está totalmente ligado ao "lucro", economizar, sempre conseguir os suprimentos com melhor custo benefício, desta forma deixando a empresa mais competitiva e saudável.

Por onde começaremos?

Um comprador eficaz precisa possuir uma variedade de habilidades para desempenhar bem suas responsabilidades e contribuir para o sucesso do departamento de compras e da empresa como um todo. Aqui estão algumas das habilidades essenciais que um comprador deve ter:

1. Habilidades de Negociação: A capacidade de negociar com sucesso com fornecedores é fundamental para garantir que a empresa obtenha os melhores preços e condições possíveis.

2. Conhecimento do Mercado: Um bom comprador deve estar atualizado com as tendências e mudanças no mercado, incluindo preços, concorrência, produtos e serviços.

3. Habilidades de Comunicação: Compradores precisam se comunicar claramente com fornecedores e outros departamentos internos. Isso inclui a capacidade de expressar suas necessidades, entender os requisitos dos outros e resolver conflitos.

4. Análise e Tomada de Decisão: Compradores devem ser capazes de analisar dados, comparar opções e tomar decisões informadas sobre os melhores fornecedores e produtos a adquirir.

5. Habilidades de Pesquisa: A pesquisa é fundamental para identificar novos fornecedores, comparar produtos e serviços e obter informações relevantes para a tomada de decisões de compra.

6. Gestão do Tempo: Compradores muitas vezes lidam com múltiplas tarefas e prazos. A gestão eficaz do tempo é crucial para garantir que os pedidos sejam feitos a tempo e que os projetos sejam concluídos de maneira eficiente.

7. Habilidades de Relacionamento: Construir e manter relacionamentos sólidos com fornecedores é importante para obter melhores acordos e garantir um fluxo contínuo de suprimentos.

8. Conhecimento Técnico: Dependendo da indústria, ter um conhecimento técnico dos produtos ou serviços que estão sendo adquiridos pode ser uma vantagem significativa.

9. Habilidade de Análise de Custos: Compradores precisam entender como os custos afetam o orçamento da empresa e ser capazes de avaliar os custos totais de aquisição, incluindo fatores como transporte, armazenamento e manutenção.

10. Habilidade de Lidar com Pressão: O mundo das compras pode ser bastante dinâmico e exigente. Compradores precisam ser capazes de lidar com pressão, prazos apertados e situações desafiadoras.

11. Gestão de Contratos: Compradores muitas vezes lidam com contratos e acordos com fornecedores. Ter habilidades de gerenciamento de contratos é importante para garantir que os termos sejam cumpridos.

12. Pensamento Estratégico: Compradores devem ser capazes de entender os objetivos estratégicos da empresa e tomar decisões de compra que estejam alinhadas com esses objetivos.

13. Flexibilidade e Adaptabilidade: O ambiente de compras pode mudar rapidamente. Compradores precisam ser flexíveis e capazes de se adaptar a novas situações e desafios.

14. Ética e Integridade: A honestidade e a ética são essenciais nas negociações e relacionamentos com fornecedores.

Lembre-se de que as habilidades específicas necessárias podem variar com base na indústria, tipo de produtos ou serviços adquiridos e no tamanho da empresa. Ter um equilíbrio dessas habilidades pode ajudar um comprador a ser bem-sucedido em seu papel.

E falando de equilíbrio, será fundamental para saber ponderar quando você precisa ir no preço ou quando o barato sai caro. Obviamente algumas empresas possuem sua regra de ir no mais barato, porém você sempre precisa levar isso em conta e deixar claro sua opinião profissional.

O FAMOSO JEITINHO BRASILEIRO

"Jeitinho brasileiro" é uma expressão cultural que se refere a uma abordagem característica do Brasil para resolver problemas, contornar obstáculos ou encontrar soluções criativas em situações complexas ou burocráticas. Embora muitas vezes seja associado a uma atitude positiva de adaptação e resiliência, o "jeitinho brasileiro" também pode ter conotações negativas quando envolve práticas antiéticas ou ilegais, como corrupção ou aproveitamento indevido de situações.

A expressão reflete a habilidade dos brasileiros em encontrar soluções práticas e criativas para desafios cotidianos, frequentemente usando meios não convencionais para atingir seus objetivos. Pode se manifestar de várias maneiras, desde encontrar maneiras criativas de resolver problemas pessoais até navegar por burocracias complexas. O "jeitinho brasileiro" pode ser tanto uma fonte de orgulho cultural como uma área de preocupação, especialmente quando se trata de ética e conformidade com a lei.

É importante lembrar que, embora o "jeitinho brasileiro" possa ser visto como uma característica cultural, não deve ser usado como desculpa para práticas antiéticas ou ilegais. A busca por soluções criativas e inovadoras pode ser positiva, desde que seja feita dentro dos limites da lei e da ética.

A sociedade brasileira está em constante evolução e debates em torno do "jeitinho brasileiro" muitas vezes envolvem reflexões sobre como equilibrar a criatividade e a resiliência cultural com o respeito pelas normas éticas e legais.

Eu particularmente tenho repulsa disso, não vejo orgulho nenhum no "jeitinho brasileiro", você ser criativo, pensar fora da caixa, solucionar problemas de forma criativa e principalmente com ética e moral, isso é motivo de orgulho.

Ética e moral, se você não sabe e não tem, não trabalhe como comprador pois irá se corromper. Você necessariamente precisa ter ética para com os fornecedores, não abrindo orçamento para favorecer um e desfavorecer outro, ter moral e ética para não aceitar propina e assim por diante, não só nessa profissão, isso não deveria ser diferencial, isso deveria ser o mínimo, o básico de alguém.

"Ética" e "moral" são termos relacionados, frequentemente usados de forma intercambiável, mas eles têm distinções sutis em seus significados. Ambos se referem a padrões de comportamento e valores, mas cada termo aborda esses conceitos de maneiras ligeiramente diferentes:

1. Ética:

- A ética é um campo filosófico que se concentra no estudo e na reflexão sobre o que é certo e errado, bom e mau.

- Envolve princípios e padrões que orientam o comportamento humano, considerando questões complexas e dilemas morais.

- A ética busca entender as razões pelas quais certas ações são consideradas moralmente corretas ou incorretas, indo além das regras e normas sociais.

- Ela pode variar de uma cultura para outra e pode envolver análises aprofundadas de valores, princípios e consequências.

2. Moral:

- A moral refere-se aos princípios e valores que guiam o comportamento das pessoas em um contexto específico ou em uma determinada comunidade.

- Ela se concentra em padrões de conduta aceitos dentro de uma cultura, grupo social ou religião.

- A moral é mais específica e prática, relacionando-se diretamente às ações cotidianas e ao cumprimento das normas estabelecidas.

- Ela pode variar de acordo com as crenças e tradições de uma comunidade específica.

Resumindo, a ética é mais ampla e abstrata, envolvendo a análise dos fundamentos filosóficos subjacentes ao comportamento humano, enquanto a moral é mais concreta e relacionada às normas e valores específicos de um contexto social.

Por exemplo, considerar a pergunta "É certo mentir?" envolveria uma discussão ética sobre as razões pelas quais a mentira é considerada errada ou aceitável em diferentes situações. Por outro lado, seguir a regra de "não mentir" em um contexto religioso ou cultural seria um exemplo de moralidade em ação.

Vale lembrar que a ética e a moral são conceitos complexos e podem ser influenciados por uma variedade de fatores, incluindo valores pessoais, crenças religiosas, cultura e contexto social.

Vamos seguir agora que já temos certeza que você é ético e tem boa moral.

Desenvolvendo habilidades

Para comprar-se algo, pelo menos uma boa parcela das pessoas, além de pesquisar os preços, também negociam um desconto. É muito parecido com isso, porém estamos falando de empresas então, é "chorar o preço" de forma profissional.

A negociação em compras corporativas é um processo crucial para garantir que uma empresa obtenha os melhores acordos, preços e condições ao adquirir produtos ou serviços de fornecedores. Aqui estão algumas etapas e dicas que podem ser úteis ao negociar compras corporativas:

1. Preparação:

   - Antes de iniciar a negociação, compreenda suas necessidades e requisitos claramente.

   - Pesquise o mercado e os fornecedores para ter uma ideia dos preços e das opções disponíveis.

- Defina seus limites e objetivos para a negociação.

2. Estabeleça uma Relação Positiva:

- Construa um relacionamento de confiança com o fornecedor desde o início.

- Mostre interesse genuíno em seus produtos ou serviços e entenda suas capacidades.

3. Comunique-se Efetivamente:

- Esteja preparado para comunicar claramente suas necessidades e requisitos.

- Ouça atentamente o que o fornecedor tem a dizer e faça perguntas relevantes.

4. Negocie Além do Preço:

- Embora o preço seja importante, também considere outros fatores, como prazos de entrega, qualidade, garantias e suporte pós-venda.

5. Demonstre Valor:

- Explique como sua empresa pode ser um cliente valioso para o fornecedor.

- Destaque o potencial de crescimento futuro e oportunidades de parceria.

6. Apresente Alternativas:

- Esteja preparado para oferecer soluções criativas caso a negociação atinja um impasse.

- Apresentar alternativas pode ajudar a manter a conversa em andamento.

7. Encontre um Ponto de Equilíbrio:

- Busque um acordo mutuamente benéfico.

- Tente entender as necessidades e limitações do fornecedor, ao mesmo tempo em que defende os interesses da sua empresa.

8. Seja Flexível, mas Firme:

- Demonstre flexibilidade para chegar a um acordo, mas não comprometa princípios essenciais.

9. Conheça as Alternativas:

- Esteja ciente de outras opções de fornecedores disponíveis no mercado.

- Isso pode aumentar sua posição de negociação.

10. Siga o Acordo com um Contrato:

- Uma vez alcançado o acordo, documente todos os termos em um contrato detalhado.

- Certifique-se de que ambos os lados entendam e concordem com os termos.

11. Avalie o Desempenho Pós-Negociação:

- Acompanhe o desempenho do fornecedor após a negociação para garantir que os termos estejam sendo cumpridos.

Lembre-se de que a negociação é um processo dinâmico e pode exigir ajustes à medida que você interage com o fornecedor. Ter habilidades de comunicação, empatia, paciência e pensamento estratégico será fundamental para obter resultados bem-sucedidos nas negociações de compras corporativas.

Além da habilidade em negociar, na realidade, antes de aprimorar essa habilidade, acredito que temos alguns pré-requisitos que colocarei a seguir.

A leitura da linguagem não verbal desempenha um papel significativo durante as negociações, pois pode fornecer informações adicionais sobre os sentimentos, intenções e atitudes das partes envolvidas. Aqui estão algumas dicas para interpretar a linguagem não verbal durante negociações:

1. Expressões Faciais:

   - Preste atenção a sorrisos, caretas, sobrancelhas franzidas e outros movimentos faciais que podem indicar emoções, como felicidade, frustração ou surpresa.

2. Contato Visual:

   - O contato visual pode demonstrar confiança e interesse. Olhar nos olhos pode indicar sinceridade e engajamento.

3. Postura Corporal:

   - Uma postura relaxada e aberta pode indicar confiança. Por outro lado, uma postura fechada, como braços cruzados, pode sinalizar defensividade.

4. Gestos:

   - Os gestos podem enfatizar pontos ou revelar nervosismo. Gesticular excessivamente ou agitar as mãos podem indicar ansiedade.

5. Tom de Voz:

   - O tom de voz pode indicar emoções subjacentes, como entusiasmo, incerteza ou agressividade.

6. Distância Pessoal:

   - A proximidade física pode indicar conforto ou intimidação. Preste atenção a sinais de invasão do espaço pessoal.

7. Toque:

   - O toque pode ser usado para construir rapport, mas é importante respeitar os limites culturais e pessoais.

8. Movimentos Oculares:

   - Olhares direcionados podem indicar interesse ou desinteresse. Movimentos oculares podem também sugerir pensamentos ou reflexões.

9. Espelhamento:

- Observar se a outra parte espelha seus gestos ou postura pode indicar concordância ou tentativa de criar conexão.

10. Microexpressões:

- São expressões faciais sutis que duram apenas uma fração de segundo e podem revelar emoções genuínas.

11. Resposta ao Silêncio:

- O modo como alguém reage ao silêncio pode indicar desconforto, pensamento profundo ou até mesmo táticas de negociação.

12. Sinais de Impaciência:

- Movimentos repetitivos, olhar para o relógio ou suspirar podem indicar impaciência ou desejo de encerrar a negociação.

Lembrando que a linguagem não verbal pode variar amplamente entre culturas, indivíduos e situações. Portanto, é importante observar múltiplos sinais e considerar o contexto geral. Além disso, também é crucial lembrar que a leitura da linguagem não verbal deve ser usada para complementar, não substituir, a comunicação verbal e a compreensão das questões em discussão.

A persuasão, outra habilidade fundamental, envolve influenciar as atitudes, crenças ou comportamentos de outras pessoas por meio da comunicação. Aqui estão algumas técnicas de persuasão que são frequentemente utilizadas:

1. Reciprocidade: Oferecer algo de valor antes de pedir algo em troca. As pessoas tendem a se sentir mais inclinadas a ajudar depois de receber um favor.

2. Compromisso e Coerência: Obter pequenos compromissos iniciais e, em seguida, aumentar gradualmente a solicitação. As pessoas tendem a querer manter a coerência com seus compromissos anteriores.

3. Prova Social: Mostrar evidências de que outras pessoas já adotaram determinado comportamento ou acreditam em algo. As pessoas tendem a seguir ações e opiniões de grupos.

4. Afeição e Simpatia: Estabelecer uma conexão emocional com a pessoa. As pessoas são mais propensas a serem persuadidas por aqueles que gostam ou que têm empatia.

5. Autoridade: Apresentar-se como um especialista ou referenciar fontes confiáveis. As pessoas têm uma tendência a confiar em figuras de autoridade.

6. Escassez: Destacar a escassez ou a exclusividade do que está sendo oferecido. As pessoas podem ser mais inclinadas a agir se sentirem que estão perdendo algo valioso.

7. Validação Social: Destacar a conformidade com o grupo ou a sociedade em geral. As pessoas muitas vezes desejam ser aceitas e aprovadas pelos outros.

8. Histórias e Narrativas: Apresentar informações de maneira envolvente, usando histórias que conectem emocionalmente as pessoas à mensagem.

9. Contraste: Apresentar uma oferta mais cara antes de apresentar a oferta real para fazer com que esta última pareça mais atraente.

10. Urgência: Criar um senso de urgência, destacando a necessidade de agir rapidamente.

11. Desafio: Apresentar um desafio que a pessoa possa superar ao adotar uma determinada ação ou crença.

12. Antecipação de Objecções: Abordar antecipadamente as objeções que a pessoa possa ter em relação à sua proposta.

13. Humor: Usar o humor de maneira apropriada para criar uma conexão positiva e tornar a mensagem mais memorável.

É importante lembrar que a persuasão ética é baseada em proporcionar informações verdadeiras e respeitar a vontade das pessoas. Usar técnicas de persuasão não significa manipular ou pressionar os outros a agir contra sua vontade. Ao aplicar essas técnicas, é essencial considerar o contexto, a ética e a intenção por trás da persuasão.

Obviamente que diversas outras habilidades irão agregar, uma boa dicção por exemplo, uma boa aparência, não digo física, mas uma aparência limpa, com as roupas limpas e bem arrumado.

DESENROLANDO OS TÓPICOS

Identificação de Necessidades:

Identificar as necessidades de compra de uma empresa é um passo fundamental no processo de aquisição de produtos ou serviços para garantir que os recursos sejam alocados de forma eficiente e que as necessidades da empresa sejam atendidas de maneira adequada. Aqui estão algumas etapas que você pode seguir para identificar as necessidades de compra na sua empresa:

1. Compreenda os Objetivos da Empresa:

   - Familiarize-se com a missão, visão e metas da empresa. Isso ajudará a alinhar as compras com os objetivos maiores.

2. Colabore com os Departamentos Relevantes:

   - Trabalhe em conjunto com diferentes departamentos para entender suas necessidades específicas. Eles podem variar de departamento para departamento.

3. Avalie os Estoques Atuais:

   - Analise o estoque atual da empresa para determinar quais produtos ou materiais estão em baixa e precisam ser reabastecidos.

4. Revisão de Projetos e Planejamento:

   - Avalie os projetos em andamento e os planos futuros para determinar quais recursos serão necessários para apoiá-los.

5. Análise de Dados de Vendas:

- Analise os dados de vendas anteriores para identificar padrões de demanda sazonal e tendências que possam influenciar as compras.

6. Feedback dos Clientes:

- Ouça o feedback dos clientes para identificar possíveis melhorias em produtos ou serviços que a empresa oferece.

7. Avaliação de Fornecedores:

- Mantenha contato com fornecedores e esteja ciente de novos produtos ou soluções que eles possam oferecer.

8. Orçamento Disponível:

- Considere o orçamento disponível para aquisições e certifique-se de que as necessidades de compra estejam alinhadas com os recursos financeiros da empresa.

9. Tecnologia e Inovação:

- Esteja atento a avanços tecnológicos que possam melhorar a eficiência ou qualidade dos processos da empresa.

10. Avaliação de Riscos:

- Avalie os riscos associados a possíveis aquisições, como disponibilidade de produtos, qualidade, prazos de entrega e custos.

11. Solicitação de Feedback Interno:

- Conduza reuniões ou pesquisas com funcionários para obter informações sobre quais necessidades podem estar emergindo em suas áreas de trabalho.

12. Análise de Processos Internos:

- Avalie os processos internos da empresa para identificar áreas que podem ser otimizadas com novos produtos ou serviços.

13. Avaliação da Concorrência:

- Esteja ciente das atividades da concorrência para garantir que a empresa esteja equipada para competir no mercado.

14. Monitoramento Contínuo:

- A identificação de necessidades é um processo contínuo. Mantenha-se atualizado e adapte as estratégias de compras conforme necessário.

Lembre-se de que a colaboração e a comunicação entre diferentes departamentos e níveis hierárquicos da empresa são fundamentais para identificar com precisão as necessidades de compra e garantir uma abordagem eficaz na gestão dos recursos.

Planejamento e Orçamento:

O planejamento e o orçamento de compras são etapas vitais para garantir que uma empresa adquira produtos e serviços de maneira eficiente, alinhada com os objetivos organizacionais e dentro dos recursos financeiros disponíveis. Aqui estão os passos-chave para um sólido planejamento e orçamento de compras:

1. Compreenda as Necessidades:

- Colabore com diferentes departamentos para entender as necessidades de compra de cada um. Isso inclui estimar as quantidades necessárias e as especificações dos produtos ou serviços.

2. Defina Objetivos e Metas:

- Estabeleça objetivos claros para suas compras, como redução de custos, melhoria da qualidade ou aumento da eficiência.

3. Análise de Dados Históricos:

- Revise dados de compras anteriores para identificar tendências de gastos e padrões de demanda. Isso ajuda a prever necessidades futuras.

4. Priorize as Compras:

- Determine quais compras são mais críticas para os objetivos da empresa e aloque recursos de acordo.

5. Crie um Calendário de Compras:

- Estabeleça um cronograma para as compras ao longo do ano, levando em consideração prazos de entrega, sazonalidade e outros fatores relevantes.

6. Pesquise Fornecedores:

- Identifique fornecedores confiáveis e faça comparações de preços, qualidade e termos de pagamento.

7. Negocie Condições Favoráveis:

- Use técnicas de negociação para obter preços competitivos, descontos ou termos de pagamento vantajosos.

8. Estabeleça um Orçamento:

- Com base nas informações coletadas, estabeleça um orçamento para as compras. Isso deve refletir as necessidades da empresa e os recursos disponíveis.

9. Controle de Custos:

- Monitore os gastos ao longo do ano para garantir que eles estejam dentro do orçamento estabelecido.

10. Flexibilidade:

- Mantenha algum nível de flexibilidade no orçamento para lidar com imprevistos ou oportunidades inesperadas.

11. Avaliação Contínua:

- Avalie regularmente o desempenho das compras em relação às metas e ao orçamento. Faça ajustes conforme necessário.

12. Tecnologia e Ferramentas:

- Use software de gestão de compras ou sistemas de planejamento empresarial para acompanhar e gerenciar as atividades de compras.

13. Comunicação Interna:

- Mantenha os departamentos relevantes informados sobre os planos de compras e orçamento para garantir a colaboração eficaz.

14. Aprendizado e Melhoria:

- Após cada ciclo de compras, analise o desempenho, identifique áreas de melhoria e aplique esses insights no planejamento futuro.

Lembrando que o planejamento e o orçamento de compras são um processo contínuo e dinâmico. A capacidade de se adaptar a mudanças nas demandas do mercado, nas condições financeiras e nas prioridades da empresa é fundamental para um planejamento eficaz e bem-sucedido.

Pesquisa de Fornecedores:

Realizar uma pesquisa de fornecedores é uma etapa importante para encontrar parceiros confiáveis que possam atender às necessidades da sua empresa. Aqui estão os passos que você pode seguir para realizar uma pesquisa eficaz de fornecedores:

1. Defina os Critérios:

- Antes de começar, defina os critérios importantes para sua empresa, como qualidade, preço, prazos de entrega, reputação, suporte pós-venda, localização, capacidade de produção, entre outros.

2. Identifique as Necessidades:

- Liste os produtos ou serviços que você precisa adquirir e identifique as especificações técnicas ou requisitos que os fornecedores devem atender.

3. Fontes de Pesquisa:

- Utilize várias fontes para identificar fornecedores. Isso inclui pesquisas online, redes profissionais, referências de colegas de trabalho, feiras comerciais, diretórios industriais, entre outros.

4. Pesquisa Online:

- Use mecanismos de busca e diretórios online para encontrar fornecedores que atendam ao seu setor ou nicho.

5. Redes Profissionais:

- Participe de redes profissionais, grupos do setor ou fóruns online para obter recomendações de fornecedores de outras pessoas na mesma área.

6. Feiras Comerciais e Eventos:

- Participe de feiras comerciais e eventos da indústria para conhecer pessoalmente os fornecedores, ver seus produtos e estabelecer contatos.

7. Solicite Recomendações:

- Peça a colegas de trabalho, parceiros comerciais ou outros contatos de confiança por recomendações de fornecedores.

8. Avalie a Reputação:

- Pesquise avaliações online, comentários de clientes anteriores e qualquer feedback disponível sobre os fornecedores em potencial.

9. Filtragem Inicial:

- Com base nos critérios definidos, filtre os fornecedores que parecem ser mais compatíveis com suas necessidades.

10. Entre em Contato:

- Entre em contato com os fornecedores selecionados. Isso pode ser feito por e-mail, telefone ou através de formulários de contato em seus sites.

11. Peça Informações Relevantes:

- Solicite informações detalhadas sobre os produtos, serviços, preços, prazos de entrega, condições de pagamento e qualquer outra informação relevante.

12. Solicite Amostras:

- Se possível, peça amostras dos produtos ou exemplos de serviços para avaliar a qualidade.

13. Conduza Entrevistas:

- Realize entrevistas ou reuniões para discutir suas necessidades em detalhes e esclarecer quaisquer dúvidas.

14. Análise de Propostas:

- Avalie as propostas recebidas de diferentes fornecedores, comparando os critérios estabelecidos.

15. Verifique Referências:

- Entre em contato com referências fornecidas pelos fornecedores para obter feedback sobre sua experiência.

16. Negocie Termos:

- Negocie preços, prazos de entrega, condições de pagamento e quaisquer outros termos importantes.

17. Avalie a Capacidade Financeira:

- Verifique a estabilidade financeira dos fornecedores para garantir que eles possam cumprir os compromissos.

18. Visite as Instalações (se possível):

- Se viável, faça visitas às instalações dos fornecedores para verificar as operações e a qualidade.

19. Tomada de Decisão:

- Com base em todas as informações coletadas, tome uma decisão informada sobre quais fornecedores são os mais adequados para suas necessidades.

20. Estabeleça Parcerias:

- Após selecionar os fornecedores, estabeleça contratos ou acordos que detalhem os termos e expectativas de ambas as partes.

Lembre-se de que a pesquisa de fornecedores é um processo contínuo, especialmente em um ambiente de negócios em constante mudança. Manter relacionamentos positivos com fornecedores e monitorar regularmente o desempenho deles é fundamental para o sucesso a longo prazo.

Solicitação de Propostas (RFQ/RFP):

A solicitação de propostas (Request for Proposal - RFP) ou solicitação de cotações (Request for Quotation - RFQ) é um processo formal em que uma empresa solicita informações detalhadas e propostas de fornecedores em potencial para aquisição de produtos, serviços ou soluções. Aqui estão os passos típicos para criar e gerenciar uma RFQ ou RFP:

1. **Defina Objetivos Claros:**

- Identifique e articule claramente os objetivos da aquisição, os requisitos, as especificações técnicas e quaisquer outros critérios importantes.

2. **Preparação do Documento:**

- Crie um documento abrangente que descreva as necessidades da empresa, os termos de aquisição, os prazos, os critérios de avaliação e outros detalhes relevantes.

3. **Critérios de Seleção:**

- Especifique os critérios que serão usados para avaliar as propostas, como preço, qualidade, experiência do fornecedor, prazo de entrega, suporte pós-venda, entre outros.

4. **Prazos:**

- Estabeleça prazos claros para o envio das propostas, para as dúvidas dos fornecedores e para a seleção final.

5. **Distribuição do Documento:**

- Envie o documento da RFQ/RFP para os fornecedores em potencial, seja por e-mail, por meio de plataformas de compras eletrônicas ou por outros meios.

6. **Sessão de Perguntas e Respostas:**

- Permita que os fornecedores façam perguntas e solicitem esclarecimentos sobre o documento. Forneça as respostas de forma consistente a todos os participantes.

7. **Revisão de Propostas:**

- Avalie as propostas recebidas dos fornecedores em relação aos critérios definidos. Isso pode envolver uma análise detalhada de cada proposta.

8. **Negociação (se necessário):**

- Se uma proposta requer ajustes ou negociações, esteja preparado para discutir essas mudanças com o fornecedor.

9. **Avaliação e Seleção:**

- Avalie as propostas de acordo com os critérios estabelecidos e selecione os fornecedores que melhor atendem às necessidades da empresa.

10. **Notificação aos Fornecedores:**

- Comunique os resultados da seleção aos fornecedores, incluindo aqueles que não foram escolhidos. Forneça feedback construtivo, se possível.

11. **Finalização de Contratos:**

- Trabalhe com os fornecedores selecionados para finalizar os detalhes do contrato, incluindo termos, condições e acordos específicos.

12. **Acompanhamento Pós-Seleção:**

- Monitore o desempenho dos fornecedores escolhidos para garantir que eles cumpram os termos acordados e entreguem conforme prometido.

13. **Aprendizado e Melhoria:**

- Após a conclusão do processo, faça uma avaliação para identificar pontos fortes e áreas de melhoria no processo de solicitação de propostas.

Uma RFQ é normalmente usada para solicitar cotações de preços diretos, enquanto uma RFP é mais abrangente e aborda aspectos técnicos e de serviço. O processo de RFQ é geralmente mais simples, enquanto uma RFP exige mais detalhes e é mais comum para projetos complexos ou aquisições de grande escala. A escolha entre RFQ e RFP depende das necessidades específicas da aquisição.

Qual a importância das propostas?

As propostas RFQ (Request for Quotation) e RFP (Request for Proposal) têm importâncias distintas no processo de aquisição de produtos ou serviços. Ambos os tipos de solicitações desempenham papéis essenciais em diferentes cenários de compras e podem afetar diretamente a qualidade das decisões de aquisição. Aqui está a importância de cada um:

Importância das Propostas RFQ:

1. Eficiência no Processo de Compra: Uma RFQ é frequentemente usada quando as necessidades da empresa são bem definidas e o foco principal é obter cotações de preços competitivos. Isso agiliza o processo de compra para produtos ou serviços que são relativamente padronizados.

2. Comparação de Preços: Uma RFQ permite que a empresa compare diretamente os preços oferecidos por diferentes fornecedores. Isso ajuda a identificar a melhor oferta financeira e a garantir que a empresa obtenha um bom negócio.

3. Tomada de Decisão Baseada em Dados: Com base nas cotações de preços recebidas, a empresa pode tomar decisões informadas sobre quais fornecedores oferecem a melhor relação custo-benefício para os produtos ou serviços desejados.

4. Processo Simplificado: A natureza focada das RFQs facilita o processo de coleta e análise de informações, o que pode ser particularmente útil para compras rotineiras ou produtos com especificações bem definidas.

Importância das Propostas RFP:

1. Avaliação Completa: Uma RFP é crucial quando a empresa busca adquirir produtos ou serviços mais complexos e personalizados, como soluções de software, serviços de consultoria ou projetos de grande escala. Ela permite uma avaliação completa dos aspectos técnicos, funcionais e de serviço.

2. Compreensão Detalhada: Ao solicitar propostas detalhadas, a empresa obtém uma compreensão mais profunda das capacidades e abordagens dos fornecedores. Isso ajuda a identificar aqueles que podem melhor atender aos requisitos específicos.

3. Avaliação Holística: Uma RFP aborda não apenas os preços, mas também fatores como qualidade, prazos, suporte pós-venda, referências e outros critérios importantes. Isso permite uma avaliação mais abrangente dos fornecedores.

4. Negociações Detalhadas: A RFP fornece uma base sólida para negociações detalhadas com os fornecedores, abordando questões técnicas, comerciais e contratuais. Isso ajuda a estabelecer expectativas claras desde o início.

5. Minimização de Riscos: Ao solicitar informações detalhadas sobre a abordagem do fornecedor, a empresa pode identificar potenciais riscos e problemas que podem surgir durante a implementação do projeto ou entrega dos serviços.

Em resumo, as propostas RFQ são importantes para compras mais simples e com foco nos preços, enquanto as propostas RFP são essenciais para aquisições complexas e personalizadas que requerem uma avaliação completa das capacidades dos fornecedores. Escolher o tipo certo de solicitação de proposta de acordo com as necessidades da empresa é fundamental para obter resultados bem-sucedidos e atender aos objetivos de aquisição.

Seleção e Negociação:

A seleção e a negociação das propostas dos fornecedores são etapas críticas no processo de aquisição, pois afetam diretamente os resultados finais e o sucesso da transação. Aqui estão os passos que você pode seguir para uma seleção e negociação eficazes das propostas dos fornecedores:

Seleção das Propostas:

1. Avaliação dos Critérios:

   - Avalie as propostas recebidas com base nos critérios estabelecidos na RFQ/RFP. Isso pode incluir fatores como preço, qualidade, prazo de entrega, suporte pós-venda, referências e outros.

2. Pontuação e Classificação:

   - Se você estabeleceu critérios de avaliação ponderados, atribua pontuações às propostas com base nesses critérios. Isso ajuda a objetivamente comparar as propostas.

3. Avaliação Técnica e Comercial:

- Analise as propostas tanto do ponto de vista técnico quanto comercial. Certifique-se de que elas atendam às especificações necessárias e que os termos comerciais sejam aceitáveis.

4. Validação de Referências:

- Caso fornecedores tenham fornecido referências, entre em contato com essas referências para obter feedback sobre a experiência de trabalhar com eles.

5. Análise de Riscos:

- Avalie possíveis riscos associados a cada proposta, como riscos de qualidade, riscos de atraso ou qualquer outro risco que possa afetar a entrega ou o desempenho.

6. Shortlist de Fornecedores:

- Com base na avaliação, crie uma lista final dos fornecedores que atendem aos critérios de seleção.

Negociação das Propostas:

1. Preparação para Negociação:

- Antes de iniciar as negociações, esteja bem informado sobre os detalhes das propostas, os requisitos da empresa e os termos desejados.

2. Defina Seus Objetivos:

- Tenha claros seus objetivos de negociação, incluindo o que você está disposto a ceder e quais são os pontos não negociáveis.

3. Abordagem Colaborativa:

- Aborde as negociações como uma oportunidade de colaboração, onde ambas as partes buscam um acordo mutuamente benéfico.

4. Priorize os Pontos Cruciais:

- Concentre-se nos pontos mais críticos, como preço, prazos e termos contratuais. Isso ajuda a evitar perder tempo em detalhes menos relevantes.

5. Crie Valor:

- Busque oportunidades para criar valor mútuo, como oferecer compromissos em troca de vantagens adicionais.

6. Comunicação Clara:

- Mantenha uma comunicação clara e aberta com os fornecedores. Explique seus objetivos e preocupações de maneira transparente.

7. Seja Flexível:

- Esteja preparado para fazer concessões e ajustes para chegar a um acordo que atenda às necessidades de ambas as partes.

8. Documente Acordos:

- À medida que avançar nas negociações, documente os pontos acordados para evitar mal-entendidos futuros.

9. Avalie Custos e Benefícios:

- Considere cuidadosamente os custos e benefícios de cada concessão que você fizer durante as negociações.

10. Feche o Acordo:

- Quando todas as partes estiverem satisfeitas com os termos, finalize o acordo e proceda com a formalização do contrato.

11. Monitoramento Contínuo:

- Mesmo após a negociação, mantenha um canal de comunicação aberto com os fornecedores para garantir que os termos acordados sejam cumpridos ao longo do tempo.

Lembre-se de que a negociação deve ser um processo justo e respeitoso, visando um resultado vantajoso para ambas as partes.

Estabelecer um relacionamento construtivo com os fornecedores é
essencial para um sucesso a longo prazo.

Emissão de Pedidos de Compra:

A emissão de pedidos de compra é uma etapa crucial no processo de
aquisição, pois formaliza o desejo da empresa de adquirir produtos
ou serviços dos fornecedores selecionados. Aqui estão os passos para
emitir pedidos de compra de maneira eficaz:

1. Revisão Final das Propostas:

    - Antes de emitir um pedido de compra, assegure-se de que as
propostas dos fornecedores selecionados estejam completamente
revisadas e que você tenha uma compreensão clara dos termos e
condições acordados.

2. Verificação dos Detalhes do Fornecedor:

    - Confirme os detalhes do fornecedor, incluindo nome, endereço,
informações de contato e outras informações relevantes.

3. Preparação do Pedido de Compra:

    - Crie um documento de pedido de compra com todos os detalhes
necessários. Isso pode ser feito por meio de um sistema de
gerenciamento de compras, software de processamento de texto ou
uma planilha.

4. Inclusão de Informações Essenciais:

    - Certifique-se de incluir informações essenciais, como o número
do pedido de compra, data, descrição dos produtos ou serviços,
quantidade, preço unitário, total, prazo de entrega e termos de
pagamento.

5. Termos e Condições:

    - Inclua quaisquer termos e condições específicos acordados com
o fornecedor, como garantias, políticas de devolução, descontos,
entre outros.

6. Número de Referência:

- Se houver um número de referência associado a um projeto ou departamento, inclua-o no pedido de compra.

7. Aprovação Interna:

- Se necessário, obtenha as aprovações internas necessárias antes de emitir o pedido de compra. Isso pode envolver a revisão do gerente de compras, do gerente de departamento ou de outros responsáveis.

8. Envio do Pedido de Compra:

- Envie o pedido de compra para o fornecedor. Isso pode ser feito por e-mail, por meio de um sistema eletrônico de compras ou de acordo com as práticas comerciais estabelecidas.

9. Confirmação do Fornecedor:

- Certifique-se de receber uma confirmação do fornecedor de que eles receberam e aceitaram o pedido de compra. Isso pode ajudar a evitar mal-entendidos futuros.

10. Monitoramento do Prazo de Entrega:

- Acompanhe o prazo de entrega estipulado no pedido de compra para garantir que os produtos ou serviços sejam entregues conforme o combinado.

11. Reconciliação de Faturas:

- Após a entrega, compare a fatura do fornecedor com os detalhes do pedido de compra para garantir que todas as informações estejam corretas.

12. Pagamento e Registro:

- Processe o pagamento de acordo com os termos de pagamento acordados. Registre todas as informações relevantes para fins contábeis e de rastreamento.

13. Arquivamento:

- Arquive todos os documentos relacionados ao pedido de compra, incluindo o pedido em si, a confirmação do fornecedor, faturas e outros registros.

14. Avaliação do Processo:

- Periodicamente, avalie o processo de emissão de pedidos de compra para identificar possíveis melhorias e eficiências.

Lembre-se de que a comunicação clara e a gestão eficaz de todos os detalhes do pedido de compra são fundamentais para garantir uma transação tranquila e bem-sucedida.

Acompanhamento e Recebimento:

O acompanhamento e o recebimento são etapas críticas do processo de compras, pois garantem que os produtos ou serviços adquiridos atendam às expectativas e requisitos da empresa. Aqui estão os passos para realizar o acompanhamento e o recebimento de maneira eficaz no setor de compras:

Acompanhamento:

1. Monitoramento de Prazos:

- Acompanhe de perto os prazos de entrega acordados com os fornecedores. Certifique-se de que os produtos ou serviços serão entregues no tempo esperado.

2. Comunicação Regular:

- Mantenha uma comunicação aberta com os fornecedores. Se houver algum atraso ou problema potencial, entre em contato para obter atualizações e resolver quaisquer problemas.

3. Rastreamento do Status:

- Se possível, utilize ferramentas de rastreamento para monitorar o status das entregas em tempo real. Isso pode ajudar a identificar atrasos antes que eles se tornem um problema maior.

4. Antecipação de Problemas:

- Esteja atento a sinais de problemas, como comunicações inconsistentes por parte do fornecedor. Antecipe possíveis obstáculos e esteja preparado para agir.

Recebimento:

1. Inspeção Visual:

- Ao receber os produtos, faça uma inspeção visual para verificar se eles estão em boas condições e correspondem às especificações acordadas.

2. Verificação de Quantidades:

- Conte as quantidades recebidas para garantir que correspondam ao que foi solicitado no pedido de compra.

3. Comparação com o Pedido:

- Verifique se os produtos recebidos correspondem às descrições e especificações mencionadas no pedido de compra.

4. Qualidade e Integridade:

- Avalie a qualidade dos produtos ou serviços recebidos. Se possível, teste ou examine amostras para garantir que atendam aos padrões desejados.

5. Documentação de Recebimento:

- Documente o recebimento dos produtos ou serviços, incluindo datas, quantidades, condições e quaisquer problemas identificados.

6. Comunicação com o Fornecedor:

- Se houver problemas com o que foi recebido, entre em contato imediatamente com o fornecedor para discutir a situação e encontrar uma solução.

7. Aprovação e Aceitação:

- Se tudo estiver de acordo, forneça a aprovação formal de que os produtos ou serviços foram recebidos e aceitos conforme o acordo.

8. Feedback ao Setor de Compras:

- Comunique quaisquer problemas ou preocupações ao setor de compras para que eles possam tomar medidas apropriadas em relação aos fornecedores ou ao processo.

9. Arquivamento de Documentos:

- Arquive todos os documentos relacionados ao recebimento, como notas fiscais, documentos de entrega e registros de inspeção.

10. Avaliação e Melhoria:

- Após a conclusão do processo de recebimento, avalie a qualidade e o desempenho dos produtos ou serviços e considere se ajustes são necessários para futuras compras.

O acompanhamento e o recebimento eficazes ajudam a garantir que os produtos ou serviços adquiridos atendam aos padrões desejados e aos requisitos da empresa, contribuindo para o sucesso geral do processo de compras.

Gestão de Relacionamento com Fornecedores:

A gestão de relacionamento com fornecedores desempenha um papel fundamental na eficácia e no sucesso do setor de compras de uma empresa. Um relacionamento sólido e colaborativo com os fornecedores pode levar a melhores negociações, entregas mais confiáveis e uma cadeia de suprimentos mais eficiente. Aqui estão algumas estratégias para uma gestão eficaz de relacionamento com fornecedores no setor de compras:

1. Comunicação Aberta:

- Mantenha linhas de comunicação abertas e transparentes com seus fornecedores. Esteja disponível para responder a perguntas, resolver problemas e compartilhar informações relevantes.

2. Definição de Expectativas Claras:

- Desde o início, defina expectativas claras em relação aos padrões de qualidade, prazos de entrega, termos de pagamento e outros aspectos importantes.

3. Parceria e Colaboração:

- Aborde os fornecedores como parceiros em vez de apenas vendedores. Busque oportunidades de colaborar para melhorar processos e encontrar soluções conjuntas.

4. Feedback Construtivo:

- Forneça feedback construtivo aos fornecedores sobre o desempenho, tanto positivo quanto áreas de melhoria. Isso ajuda a construir um relacionamento de longo prazo baseado na melhoria contínua.

5. Avaliação de Desempenho:

- Crie métricas e indicadores para avaliar o desempenho dos fornecedores. Isso pode incluir pontualidade, qualidade dos produtos/serviços, atendimento ao cliente, entre outros.

6. Reuniões Regulares:

- Realize reuniões regulares com os fornecedores para discutir o progresso, alinhar expectativas e planejar ações futuras.

7. Negociação Construtiva:

- Em negociações, busque um equilíbrio entre seus interesses e os interesses do fornecedor. Concentre-se em ganhos mútuos e soluções que atendam a ambos.

8. Visitas às Instalações do Fornecedor:

- Se possível, faça visitas às instalações dos fornecedores. Isso ajuda a conhecer melhor suas operações, capacidades e padrões de qualidade.

9. Programas de Reconhecimento:

- Reconheça e recompense fornecedores que consistentemente atendem ou superam as expectativas. Isso pode incluir prêmios, certificados ou parcerias mais estratégicas.

10. Resolução de Conflitos Efetiva:

- Se surgirem problemas ou conflitos, trate-os de forma profissional e respeitosa. Busque soluções que beneficiem ambas as partes.

11. Inovação e Melhoria Contínua:

- Encoraje os fornecedores a contribuírem com ideias para a inovação e a melhoria de produtos, processos ou serviços.

12. Construção de Relacionamento de Longo Prazo:

- Em vez de apenas focar em transações individuais, busque construir relacionamentos de longo prazo que se baseiem na confiança e na colaboração.

13. Uso de Tecnologia:

- Utilize sistemas de gerenciamento de relacionamento com fornecedores (SRM) para rastrear informações, histórico de compras, comunicações e métricas de desempenho.

Lembre-se de que a gestão de relacionamento com fornecedores não se trata apenas de obter o melhor negócio no curto prazo, mas também de construir uma parceria sólida que traga benefícios mútuos ao longo do tempo.

Gerenciamento de Inventário:

O gerenciamento de inventário é uma parte crucial do setor de compras, pois envolve o controle eficiente dos estoques de produtos ou materiais da empresa. Um bom gerenciamento de inventário pode melhorar a eficiência operacional, reduzir custos e garantir que os produtos estejam disponíveis quando necessários. Aqui estão as etapas e estratégias para um eficaz gerenciamento de inventário no setor de compras:

1. Análise de Demanda:

   - Analise os padrões de demanda passados e atuais para prever a quantidade de produtos ou materiais necessários em diferentes períodos.

2. Estoque de Segurança:

   - Mantenha um estoque de segurança para lidar com variações na demanda ou atrasos nos suprimentos. Isso ajuda a evitar a falta de estoque.

3. Classificação ABC:

   - Classifique os itens de estoque com base em sua importância para o negócio. Itens de alta prioridade (classe A) devem ser gerenciados de forma mais rigorosa.

4. Monitoramento Regular:

   - Acompanhe constantemente os níveis de estoque para evitar excesso ou falta. Utilize sistemas de software de gerenciamento de estoque, se possível.

5. Reposição Estratégica:

   - Estabeleça pontos de reposição para encomendar mais produtos quando o estoque atingir um nível mínimo pré-determinado.

6. Lead Time de Fornecedores:

- Leve em consideração o tempo necessário para que os fornecedores entreguem produtos ao planejar os níveis de estoque.

7. Just in Time (JIT):

- Se aplicável, implemente estratégias JIT para minimizar os níveis de estoque mantidos e receber suprimentos conforme a demanda real.

8. Rastreamento de Vendas e Uso:

- Rastreie as vendas ou uso dos produtos para identificar tendências de demanda e ajustar o gerenciamento de inventário de acordo.

9. Controle de Qualidade:

- Monitore a qualidade dos produtos em estoque para evitar ter produtos defeituosos ou obsoletos.

10. Giro de Estoque:

- Calcule a taxa de giro de estoque para entender com que rapidez os produtos são vendidos e substituídos. Isso pode ajudar a otimizar o estoque.

11. Previsão de Demanda:

- Utilize métodos de previsão de demanda, como análise estatística ou feedback de vendas e marketing, para fazer projeções mais precisas.

12. Auditorias de Inventário:

- Realize auditorias regulares do estoque para verificar a precisão dos registros e identificar discrepâncias.

13. Negociações com Fornecedores:

- Trabalhe com fornecedores para estabelecer termos flexíveis de pagamento ou entregas programadas para melhorar a gestão de estoque.

14. Descarte de Estoques Obsoletos:

- Implemente políticas para lidar com produtos obsoletos, como descontos ou descarte apropriado.

15. Integração com Fornecedores:

- Se possível, integre sistemas de gerenciamento de estoque com os sistemas dos fornecedores para facilitar a comunicação e a reposição automática.

Um eficaz gerenciamento de inventário requer um equilíbrio entre manter níveis adequados de estoque para atender à demanda e evitar custos desnecessários associados ao excesso de estoque. Portanto, é importante utilizar dados, análises e estratégias inteligentes para otimizar o processo de compras e garantir que os produtos certos estejam disponíveis no momento certo.

Análise e Melhoria Contínua:

A análise e melhoria contínua no setor de compras são essenciais para otimizar processos, identificar oportunidades de economia, aumentar a eficiência e garantir que as práticas de aquisição estejam alinhadas com as metas e necessidades da empresa. Aqui estão algumas abordagens para implementar análises e melhorias contínuas no setor de compras:

1. Coleta de Dados:

- Comece coletando dados relevantes sobre o desempenho das compras, como tempo de ciclo, custos, qualidade do fornecedor, prazos de entrega e outras métricas relevantes.

2. Análise de Dados:

- Utilize ferramentas de análise para identificar tendências, padrões e áreas de oportunidade. Isso pode incluir a identificação de fornecedores de alto desempenho, análise de custo-benefício, entre outros.

3. Benchmarking:

- Compare suas práticas de compras com as melhores práticas do setor. Isso ajuda a identificar lacunas e oportunidades de melhoria.

4. Identificação de Problemas:

- Identifique os gargalos, problemas ou ineficiências existentes no processo de compras. Pergunte a sua equipe e aos fornecedores sobre quaisquer obstáculos que possam estar enfrentando.

5. Feedback Interno e Externo:

- Solicite feedback dos funcionários envolvidos no processo de compras e também dos fornecedores. Eles podem ter insights valiosos sobre áreas que precisam de melhoria.

6. Mapa de Fluxo de Processos:

- Mapeie os fluxos de processos de compra para visualizar onde ocorrem atrasos, sobreposições de tarefas ou ineficiências.

7. Definição de Indicadores-Chave de Desempenho (KPIs):

- Estabeleça KPIs relevantes para medir o desempenho do setor de compras, como economia de custos, tempo de ciclo de compra, precisão de entregas, etc.

8. Definição de Metas:

- Com base nas análises, estabeleça metas claras e realistas para melhorias específicas no processo de compras.

9. Implementação de Mudanças:

- Com base nas análises, implemente mudanças necessárias para abordar problemas identificados e alcançar metas estabelecidas.

10. Avaliação de Resultados:

- Acompanhe de perto os resultados das mudanças implementadas. Avalie se elas tiveram o impacto desejado no desempenho.

11. Feedback Contínuo:

- Mantenha um ciclo de feedback contínuo com a equipe de compras e os fornecedores para fazer ajustes conforme necessário.

12. Treinamento e Desenvolvimento:

- Invista em treinamento e desenvolvimento para a equipe de compras, para garantir que eles estejam atualizados com as melhores práticas e habilidades necessárias.

13. Inovação:

- Esteja aberto a adotar novas tecnologias, metodologias ou abordagens inovadoras que possam melhorar a eficiência do setor de compras.

14. Ciclo de Melhoria Contínua:

- Estabeleça um ciclo contínuo de análise, implementação de melhorias, avaliação e ajustes, garantindo que a melhoria seja um processo constante.

A análise e a melhoria contínua no setor de compras devem ser uma parte integrante da cultura organizacional. Ao adotar uma abordagem proativa para identificar e resolver problemas, bem como para otimizar os processos, sua empresa pode obter benefícios significativos em termos de eficiência operacional, economia de custos e satisfação do cliente.

MOSTRE SEU TRABALHO

O marketing pessoal também é uma habilidade importante em qualquer profissão e até fora do meio profissional.

Uma dica sobre mostrar seu trabalho como comprador, supondo que você entrou em um lugar novo ou até mesmo se já estava e agora quer ser melhor e se destacar. Anote o que você ganhou para a empresa, por exemplo, puxe relatórios de compras anteriores, principalmente de itens que são comprados regularmente, encontre novos fornecedores ou brigue com todas suas habilidades para conseguir melhores preços, coloque em uma tabela no Excel um gráfico de antes e depois, mostrando o quanto a empresa economizou no ano com suas mudanças. Estou supondo que você sabe mexer no Excel, Word e etc.... Se não sabe, vá aprender agora, não precisa ser o mestre das formulas de Excel, porem pelo menos fazer tabelas, gráficos e contas mais complexa é elementar. A seguir vamos ver algumas coisas sobre marketing pessoal.

As habilidades de marketing pessoal são aquelas que você desenvolve para promover a si mesmo de forma positiva e eficaz, destacando suas qualidades, conhecimentos e conquistas. Aqui estão algumas habilidades-chave de marketing pessoal que podem ajudá-lo a construir uma imagem sólida e favorável:

1. Comunicação Eficaz:

   - Habilidade para comunicar suas ideias e informações de maneira clara, concisa e persuasiva, tanto verbalmente quanto por escrito.

2. Autoconhecimento:

- Ter um entendimento profundo de suas próprias forças, fraquezas, valores e metas, permitindo que você projete uma imagem autêntica.

3. Habilidade de Networking:

- Ser capaz de construir e manter relacionamentos profissionais, ampliando sua rede de contatos para oportunidades e colaborações.

4. Habilidade de Apresentação:

- Capacidade de apresentar informações de maneira envolvente e convincente, seja em reuniões, palestras ou eventos públicos.

5. Empatia e Escuta Ativa:

- Ser capaz de compreender as necessidades e preocupações dos outros, mostrando interesse genuíno e ouvindo atentamente.

6. Inteligência Emocional:

- Habilidade de reconhecer e gerenciar suas próprias emoções, bem como compreender as emoções dos outros para criar relacionamentos positivos.

7. Confiança e Autoconfiança:

- Ter autoconfiança e uma presença segura, transmitindo uma imagem de confiança e competência.

8. Adaptabilidade:

- Ser flexível e capaz de se adaptar a diferentes situações, mostrando resiliência diante de desafios.

9. Pensamento Estratégico:

- Ter a capacidade de pensar a longo prazo, estabelecer metas claras e planejar como alcançá-las.

10. Resolução de Problemas:

- Habilidade para identificar problemas, analisar situações complexas e encontrar soluções eficazes.

11. Liderança:

- Demonstração de habilidades de liderança, como capacidade de motivar e influenciar outros de maneira positiva.

12. Habilidade de Negociação:

- Ser capaz de negociar de forma eficaz para alcançar acordos mutuamente benéficos.

13. Autoapresentação:

- Habilidade de se apresentar de maneira atraente e profissional, destacando suas realizações e conhecimentos de forma natural.

14. Pensamento Crítico:

- Ser capaz de analisar informações de maneira crítica, tomar decisões informadas e fundamentar suas opiniões.

15. Gestão do Tempo:

- Habilidade de gerenciar seu tempo de forma eficiente, priorizando tarefas e mantendo o equilíbrio entre trabalho e vida pessoal.

16. Resiliência:

- Capacidade de lidar com rejeições, fracassos e adversidades de maneira construtiva, sem desistir.

17. Inovação e Criatividade:

- Habilidade de pensar fora da caixa, encontrar soluções criativas e trazer novas perspectivas para os desafios.

18. Aprendizado Contínuo:

- Ter uma atitude de aprendizado constante, buscando melhorar suas habilidades e conhecimentos ao longo do tempo.

Desenvolver essas habilidades pode ajudá-lo a construir uma marca pessoal forte e autêntica, o que é essencial para alcançar o sucesso em sua carreira e vida pessoal.

Quando se fala em marketing pessoal, geralmente referem-se aos tópicos acima descritos, outros falam sobre criação de conteúdo em linkedin e etc, porem, para mim uma coisa muito importante é a habilidade de mostrar seu belo trabalho, como dizem, precisa saber vender o seu peixe.

Não deixe que ninguém ganhe os créditos pelo seu trabalho, fique atento.

Desenvolva suas habilidades

Habilidades de Negociação:

Desenvolver habilidades de negociação é fundamental para ter sucesso em diversos aspectos da vida, seja nos negócios, no trabalho ou nas relações pessoais. Aqui estão algumas etapas que você pode seguir para aprimorar suas habilidades de negociação:

1. Estude e Pesquise:

   - Comece pesquisando sobre técnicas de negociação, estratégias e conceitos. Existem muitos livros, cursos online e recursos disponíveis para aprender mais sobre o assunto.

2. Autoconhecimento:

   - Entenda suas próprias preferências, objetivos e limites antes de entrar em uma negociação. Isso ajuda a manter o foco e a firmeza durante o processo.

3. Pratique a Escuta Ativa:

   - Desenvolva a habilidade de ouvir atentamente o que a outra parte está dizendo, para entender suas necessidades e pontos de vista.

4. Compreenda a Outra Parte:

- Coloque-se no lugar da outra parte e tente entender suas motivações, interesses e desafios. Isso ajuda a criar empatia e a encontrar soluções mutuamente benéficas.

5. Desenvolva Habilidades de Comunicação:

- Aprimore sua comunicação verbal e não verbal. Seja claro, articulado e confiante ao expressar suas ideias.

6. Treine a Expressão Facial e Corporal:

- A expressão facial e a linguagem corporal podem transmitir mensagens poderosas durante uma negociação. Aprenda a controlar e interpretar esses sinais.

7. Defina Objetivos Claros:

- Tenha metas claras em mente antes de entrar na negociação. Isso ajuda a direcionar a conversa e a avaliar propostas.

8. Crie Opções Criativas:

- Em vez de focar apenas em concessões, explore opções criativas que possam atender aos interesses de ambas as partes.

9. Desenvolva a Capacidade de Persuasão:

- Aprenda a apresentar argumentos persuasivos que destaquem os benefícios da sua proposta.

10. Gerencie Emoções:

- Mantenha a calma durante a negociação, mesmo diante de desafios ou conflitos. O autocontrole é essencial para tomar decisões racionais.

11. Negocie com Base em Dados e Informações:

- Use fatos concretos, dados e informações relevantes para fundamentar seus argumentos e tomar decisões informadas.

12. Seja Flexível e Aberto:

- Esteja disposto a considerar diferentes abordagens e a fazer concessões quando necessário, desde que isso esteja alinhado com seus objetivos.

13. Pratique a Negociação em Simulações:

- Realize simulações de negociação com amigos, colegas ou em cursos de treinamento. Isso ajuda a ganhar confiança e aprimorar suas habilidades.

14. Solicite Feedback:

- Após negociações, peça feedback de pessoas envolvidas para identificar áreas de melhoria.

15. Aprenda com a Experiência:

- Cada negociação é uma oportunidade de aprendizado. Reflita sobre o que deu certo e o que poderia ser melhorado para aprimorar suas habilidades no futuro.

Lembre-se de que as habilidades de negociação podem ser aprimoradas com a prática constante e a busca pelo aprendizado contínuo. Quanto mais você se dedicar a desenvolver essas habilidades, mais eficaz será nas negociações e na busca por soluções mutuamente benéficas.

Conhecimento do Mercado:

Desenvolver um sólido conhecimento do mercado de compras é fundamental para tomar decisões informadas e estratégicas ao adquirir produtos ou serviços para sua empresa. Aqui estão algumas etapas que você pode seguir para desenvolver seu conhecimento do mercado de compras:

1. Pesquisa e Análise:

- Dedique tempo para pesquisar e analisar o mercado em que sua empresa atua. Isso inclui entender as tendências, concorrentes, fornecedores e mudanças recentes.

2. Acompanhe Notícias e Atualizações:

- Mantenha-se atualizado com notícias e informações relevantes para o setor de compras, seja por meio de fontes de notícias, revistas do setor ou sites especializados.

3. Participe de Eventos do Setor:

- Participe de conferências, feiras e eventos relacionados ao setor de compras. Esses eventos oferecem oportunidades para networking e para aprender com especialistas.

4. Network com Profissionais do Setor:

- Conecte-se com outros profissionais de compras, tanto online quanto em eventos presenciais. Ouvir suas experiências pode enriquecer seu conhecimento.

5. Leia Relatórios e Estudos de Mercado:

- Procure relatórios e estudos de mercado que ofereçam insights sobre as tendências, comportamento do consumidor, concorrência e perspectivas futuras.

6. Assine Publicações Relevantes:

- Assine revistas, boletins e blogs relacionados ao setor de compras para receber informações atualizadas diretamente em sua caixa de entrada.

7. Analise a Concorrência:

- Estude como seus concorrentes estão abordando suas compras e aquisições. Isso pode oferecer insights valiosos sobre as melhores práticas do setor.

8. Acompanhe as Mudanças Regulatórias:

- Esteja ciente das regulamentações e leis que afetam a aquisição de produtos ou serviços em sua indústria. Isso pode ter um impacto significativo nas decisões de compras.

9. Utilize Ferramentas de Inteligência de Mercado:

- Use ferramentas de inteligência de mercado para coletar dados e análises que o ajudarão a compreender melhor as dinâmicas do mercado.

10. Converse com Fornecedores:

- Mantenha uma comunicação aberta com seus fornecedores. Eles podem fornecer insights sobre as tendências do mercado e as ofertas dos concorrentes.

11. Participe de Webinars e Cursos Online:

- Participe de webinars e cursos online que abordem tópicos relevantes para o mercado de compras.

12. Acompanhe Indicadores Econômicos:

- Esteja atento a indicadores econômicos que possam afetar os preços, disponibilidade e demanda dos produtos ou serviços que você está adquirindo.

13. Mantenha um Banco de Dados de Fornecedores:

- Mantenha um banco de dados atualizado de fornecedores, incluindo informações sobre seus produtos, preços e histórico de desempenho.

14. Estabeleça Relações com Especialistas:

- Procure mentores, consultores ou especialistas que possam orientá-lo em relação ao conhecimento do mercado de compras.

Desenvolver seu conhecimento do mercado de compras é um processo contínuo que requer dedicação e curiosidade. Quanto mais você investir tempo e esforço em aprender sobre as dinâmicas do mercado, mais preparado estará para tomar decisões estratégicas e bem informadas no setor de compras.

Habilidades de Comunicação:

Desenvolver habilidades de comunicação é crucial para se destacar em qualquer ambiente, seja no trabalho, nas relações pessoais ou em situações públicas. Aqui estão algumas estratégias para aprimorar suas habilidades de comunicação:

1. Pratique a Escuta Ativa:

   - Esteja presente e atento ao ouvir os outros. Faça perguntas, demonstre interesse e evite interromper.

2. Melhore a Expressão Verbal:

   - Fale de forma clara, articulada e pausada. Evite usar jargões ou linguagem excessivamente técnica, a menos que seu público esteja familiarizado.

3. Aprimore a Linguagem Corporal:

   - Preste atenção à sua postura, gestos e expressões faciais. Mantenha contato visual, o que demonstra confiança e interesse.

4. Adapte seu Estilo de Comunicação:

   - Ajuste sua abordagem de comunicação de acordo com seu público. Comunique-se de maneira diferente com colegas, superiores, clientes e amigos.

5. Desenvolva Habilidades de Empatia:

   - Tente entender os sentimentos e perspectivas dos outros. Isso ajuda a criar uma conexão mais forte e facilita a resolução de conflitos.

6. Use Perguntas Abertas:

   - Faça perguntas que exijam respostas mais detalhadas, estimulando conversas mais ricas e significativas.

7. Evite Julgamentos Prematuros:

- Escute primeiro antes de tirar conclusões. Isso evita mal-entendidos e ajuda a manter uma comunicação mais eficaz.

8. Trabalhe sua Comunicação Não Verbal:

- A linguagem corporal, gestos e expressões faciais podem complementar ou contradizer suas palavras. Esteja ciente do que você está transmitindo.

9. Pratique a Clareza e a Concisão:

- Comunique-se de forma direta e evite ser excessivamente complicado. Transmita suas ideias de maneira simples e acessível.

10. Seja Consciente do Tom de Voz:

- O tom de voz pode afetar a maneira como suas palavras são percebidas. Evite ser monótono ou agressivo.

11. Use Exemplos e Histórias:

- Ilustre suas ideias com exemplos ou histórias relevantes. Isso ajuda a tornar suas mensagens mais concretas e envolventes.

12. Aprenda a Dar e Receber Feedback:

- Esteja aberto a feedback construtivo e saiba como fornecer feedback de maneira construtiva e respeitosa.

13. Pratique a Comunicação Escrita:

- Escreva e-mails, relatórios e documentos com clareza e objetividade. Revise cuidadosamente para evitar erros.

14. Participe de Treinamentos:

- Inscreva-se em cursos, workshops ou treinamentos focados em comunicação eficaz.

15. Pratique a Comunicação em Público:

- Se possível, participe de apresentações, palestras ou reuniões para desenvolver sua confiança e habilidades de comunicação em público.

16. Assista e Aprenda com Outros:

- Observe pessoas com habilidades de comunicação excepcionais, como oradores públicos, apresentadores ou colegas, e aprenda com eles.

Desenvolver habilidades de comunicação é um processo contínuo que requer prática, feedback e disposição para melhorar. Através do autoaperfeiçoamento constante, você pode se tornar um comunicador mais eficaz em todas as áreas da sua vida.

Análise e Tomada de Decisão:

Desenvolver habilidades de análise e tomada de decisão no contexto de compras é essencial para fazer escolhas informadas e estratégicas ao adquirir produtos ou serviços para uma empresa. Aqui estão algumas etapas que você pode seguir para aprimorar essas habilidades:

1. Coleta de Dados:

- Comece coletando informações relevantes sobre os produtos, fornecedores, preços, qualidade, prazos de entrega e outros aspectos relacionados às compras.

2. Análise de Dados:

- Aprenda a analisar os dados coletados para identificar tendências, padrões e insights que possam influenciar sua decisão de compra.

3. Entenda as Necessidades da Empresa:

- Tenha um profundo entendimento das necessidades da sua empresa. Isso ajudará a alinhar suas decisões de compras com os objetivos e estratégias organizacionais.

4. Defina Critérios de Seleção:

- Estabeleça critérios claros para avaliar fornecedores e produtos. Isso inclui fatores como preço, qualidade, prazo de entrega e suporte pós-venda.

5. Avalie Riscos e Benefícios:

- Avalie cuidadosamente os riscos e benefícios associados a cada decisão de compra. Considere fatores como qualidade, confiabilidade do fornecedor e impacto nos processos.

6. Compare Diferentes Opções:

- Compare as diferentes opções disponíveis, considerando os prós e contras de cada uma. Isso ajuda a tomar decisões mais informadas.

7. Use Ferramentas de Análise:

- Utilize ferramentas como análise SWOT (Forças, Fraquezas, Oportunidades e Ameaças) para avaliar as opções de compra.

8. Preveja o Custo Total de Propriedade (TCO):

- Além do preço de compra, leve em consideração outros custos associados, como manutenção, transporte e armazenamento.

9. Consulte Especialistas:

- Converse com colegas, especialistas na área e membros da equipe para obter opiniões e insights valiosos.

10. Considere a Sustentabilidade:

- Avalie se os produtos ou serviços atendem aos critérios de sustentabilidade da empresa, como impacto ambiental e responsabilidade social.

11. Visualize Cenários Diferentes:

- Imagine diferentes cenários resultantes de suas decisões de compra. Isso ajuda a entender as implicações a longo prazo.

12. Estabeleça um Processo de Aprovação:

- Se necessário, crie um processo de aprovação com a participação de membros da equipe e outras partes interessadas.

13. Seja Ágil, mas Cauteloso:

- Embora seja importante agir rapidamente, não tome decisões precipitadas. Equilibre a agilidade com a avaliação cuidadosa.

14. Aprenda com Decisões Anteriores:

- Reflita sobre decisões de compra passadas e avalie o que funcionou bem e o que poderia ter sido melhorado.

15. Desenvolva a Intuição Profissional:

- Com a experiência, você desenvolverá uma intuição profissional que pode ser valiosa para a tomada de decisões.

16. Avalie os Resultados:

- Após a implementação da compra, avalie os resultados e compare-os com as expectativas iniciais. Isso ajudará a melhorar futuras decisões.

Lembrando que a prática é fundamental para aprimorar habilidades de análise e tomada de decisão. Quanto mais você se expuser a diferentes cenários e desafios de compras, mais confiança e eficácia desenvolverá nessas áreas.

Habilidades de Pesquisa:

Desenvolver habilidades de pesquisa é fundamental para tomar decisões informadas e estratégicas no setor de compras. Aqui estão algumas etapas que você pode seguir para aprimorar suas habilidades de pesquisa no contexto das compras:

1. Defina Objetivos Claros:

- Antes de iniciar a pesquisa, tenha em mente quais informações você está procurando. Isso ajuda a direcionar sua pesquisa de forma eficaz.

2. Identifique Fontes Confiáveis:

- Use fontes confiáveis e respeitáveis para coletar informações. Isso inclui sites de fornecedores, relatórios de mercado, publicações do setor e pesquisas acadêmicas.

3. Use Múltiplas Fontes:

- Evite depender de uma única fonte. Busque informações de várias fontes para obter uma visão mais abrangente e precisa.

4. Utilize Ferramentas de Pesquisa Online:

- Aproveite motores de busca, bases de dados especializadas, portais de notícias e recursos online para encontrar informações relevantes.

5. Aprenda Técnicas de Busca Eficientes:

- Aprenda a usar operadores de pesquisa, aspas, palavras-chave relevantes e outros recursos para refinar suas buscas online.

6. Leia Relatórios e Estudos de Mercado:

- Relatórios e estudos de mercado oferecem insights valiosos sobre tendências, preços, concorrentes e demanda na indústria.

7. Participe de Treinamentos:

- Inscreva-se em cursos ou workshops sobre pesquisa de mercado e técnicas de coleta de informações.

8. Analise Dados de Desempenho Interno:

- Analise dados e métricas internas para entender o histórico de compras, custos, fornecedores e padrões de consumo.

9. Converse com Especialistas:

- Converse com colegas, especialistas da área e membros da equipe para obter insights e orientações.

10. Participe de Fóruns e Grupos Profissionais:

- Participe de fóruns online e grupos profissionais relacionados ao setor de compras para compartilhar informações e aprender com outros profissionais.

11. Faça Benchmarking:

- Compare suas práticas de compras com as de outras empresas do mesmo setor. Isso pode ajudar a identificar melhores práticas e oportunidades de melhoria.

12. Assine Publicações Relevantes:

- Assine revistas, newsletters e blogs do setor para receber informações atualizadas diretamente em sua caixa de entrada.

13. Desenvolva Habilidades de Análise:

- Aprenda a analisar e interpretar informações coletadas, identificando padrões, tendências e insights relevantes.

14. Mantenha-se Atualizado:

- Esteja sempre em busca de novas informações e atualizações no mercado. A indústria está em constante evolução.

15. Experimente Diferentes Abordagens:

- Experimente diferentes métodos de pesquisa, como entrevistas, questionários, pesquisas de campo e análise de dados.

16. Avalie a Credibilidade das Fontes:

- Ao coletar informações, avalie a credibilidade das fontes para garantir que você esteja usando informações precisas e confiáveis.

17. Documente suas Descobertas:

- Mantenha registros organizados de suas descobertas e informações coletadas para referência futura.

Desenvolver habilidades de pesquisa exige prática e dedicação contínuas. Quanto mais você se envolver em pesquisas e coleta de informações, mais eficaz será em tomar decisões informadas e estratégicas no setor de compras.

Gestão do Tempo:

Desenvolver habilidades de gestão do tempo é essencial para aumentar sua produtividade, eficiência e qualidade de trabalho. Aqui estão algumas estratégias para aprimorar sua gestão do tempo:

1. Defina Metas Claras:

   - Estabeleça metas claras e prioridades para o seu dia, semana ou mês. Isso ajuda a direcionar seus esforços de maneira eficaz.

2. Crie uma Lista de Tarefas:

   - Liste todas as tarefas que precisa realizar. Priorize-as com base em sua importância e urgência.

3. Use Métodos de Planejamento:

   - Experimente técnicas de planejamento, como a Técnica Pomodoro (trabalho intenso seguido de pausas) ou o método GTD (Getting Things Done).

4. Estabeleça Prazos Realistas:

   - Defina prazos realistas para concluir suas tarefas. Evite sobrecarregar-se com prazos impossíveis.

5. Elimine Distrações:

   - Identifique as distrações que impactam sua produtividade, como redes sociais, e-mails constantes, etc. Minimize ou elimine essas distrações durante o trabalho.

6. Use Ferramentas de Produtividade:

- Utilize aplicativos e ferramentas de gerenciamento de tarefas, listas de afazeres e calendários para manter-se organizado.

7. Priorize com a Matriz de Eisenhower:

- Use a matriz para categorizar tarefas em "urgente e importante", "importante, mas não urgente", "urgente, mas não importante" e "não urgente e não importante".

8. Aprenda a Dizer Não:

- Saiba quando e como recusar tarefas adicionais que possam comprometer sua capacidade de cumprir suas prioridades.

9. Aloque Tempo para Tarefas Específicas:

- Reserve períodos específicos do dia para tarefas específicas. Isso ajuda a evitar multitarefa excessiva.

10. Divida Tarefas Grandes em Etapas Menores:

- Dividir grandes projetos em tarefas menores torna-os mais gerenciáveis e ajuda a manter o foco.

11. Use o Princípio de Pareto:

- Concentre-se nas tarefas que trazem os maiores resultados. A regra 80/20 sugere que 20% de seus esforços geram 80% dos resultados.

12. Mantenha um Ambiente Organizado:

- Tenha um espaço de trabalho limpo e organizado. Isso ajuda a reduzir distrações e facilita o foco.

13. Aprenda a Delegar:

- Delegue tarefas quando apropriado, confiando em colegas ou membros da equipe para aliviar sua carga de trabalho.

14. Pratique o Autocuidado:

- Cuide da sua saúde física e mental. O sono adequado, a alimentação saudável e o exercício regular podem aumentar sua produtividade.

15. Avalie e Ajuste:

- Ao final do dia ou da semana, avalie o que foi realizado e o que poderia ter sido feito de maneira mais eficiente. Ajuste sua abordagem conforme necessário.

16. Celebre Conquistas:

- Celebre suas realizações e marcos, por menores que sejam. Isso ajuda a manter a motivação e o foco.

Lembre-se de que a gestão do tempo é um processo contínuo de aprendizado e ajustes. À medida que você experimenta diferentes técnicas e práticas, você descobrirá quais funcionam melhor para você e sua rotina.

Habilidades de Relacionamento:

Desenvolver habilidades de relacionamento é essencial no setor de compras, pois envolve interações constantes com fornecedores, colegas de trabalho, equipes internas e outros stakeholders. Aqui estão algumas estratégias para aprimorar suas habilidades de relacionamento no contexto das compras:

1. Comunicação Eficaz:

- Desenvolva a capacidade de se comunicar de maneira clara e respeitosa. Ouça ativamente as preocupações dos outros e expresse suas ideias de forma compreensível.

2. Empatia:

- Coloque-se no lugar dos outros e tente entender suas perspectivas e necessidades. Isso ajuda a construir relacionamentos mais sólidos.

3. Construção de Confiança:

- Cumpra suas promessas e seja transparente em suas ações. A confiança é fundamental em qualquer relacionamento profissional.

4. Networking:

- Conecte-se com colegas do setor de compras, fornecedores e outros profissionais relevantes. Networking pode trazer novas oportunidades e insights.

5. Trabalho em Equipe:

- Colabore efetivamente com equipes internas, como finanças, produção e logística. Isso ajuda a alinhar os objetivos da empresa.

6. Resolução de Conflitos:

- Aprenda a lidar com conflitos de maneira construtiva e profissional. Encontre soluções que atendam aos interesses de ambas as partes.

7. Comunicação Não Verbal:

- Preste atenção à sua linguagem corporal, gestos e expressões faciais. Eles também fazem parte da comunicação e podem influenciar a percepção dos outros.

8. Gestão de Expectativas:

- Mantenha as partes interessadas informadas sobre o progresso, prazos e quaisquer desafios. Isso ajuda a evitar expectativas não atendidas.

9. Flexibilidade:

- Esteja disposto a adaptar-se a diferentes estilos de trabalho e personalidades. A flexibilidade fortalece os relacionamentos profissionais.

10. Demonstre Interesse Genuíno:

- Mostre interesse pelo que os outros têm a dizer. Faça perguntas relevantes e demonstre que você valoriza suas opiniões.

11. Feedback Construtivo:

- Dê e receba feedback de maneira construtiva e respeitosa. Isso ajuda a melhorar o desempenho e os relacionamentos.

12. Gestão de Conflitos:

- Desenvolva habilidades para lidar com conflitos de forma positiva e produtiva, buscando soluções mutuamente benéficas.

13. Gerenciamento de Expectativas:

- Comunique-se de forma clara sobre o que pode ser entregue, prazos e limitações. Isso ajuda a evitar mal-entendidos.

14. Resiliência:

- Mantenha uma atitude positiva mesmo diante de desafios. A resiliência é valiosa para manter relacionamentos profissionais saudáveis.

15. Pratique a Cortesia Profissional:

- Seja educado, respeitoso e atencioso em todas as interações, independentemente da situação.

16. Desenvolva Relacionamentos a Longo Prazo:

- Concentre-se em construir relacionamentos duradouros e mutuamente benéficos com fornecedores e outros parceiros.

17. Aprenda com Experiências Anteriores:

- Reflita sobre experiências passadas para identificar o que funcionou bem em termos de relacionamento e o que poderia ter sido melhorado.

18. Mantenha uma Atitude Positiva:

- Mantenha uma atitude positiva e proativa. Isso cria um ambiente mais propício para relacionamentos saudáveis.

O desenvolvimento de habilidades de relacionamento requer prática, paciência e a disposição de aprender com cada interação. Quanto mais você se envolver de forma positiva e construtiva com os outros, mais eficaz será em construir relacionamentos sólidos e benéficos no setor de compras.

Conhecimento Técnico:

Desenvolver um sólido conhecimento técnico no setor de compras é fundamental para tomar decisões informadas e estratégicas ao adquirir produtos ou serviços. Aqui estão algumas estratégias para aprimorar seu conhecimento técnico no contexto das compras:

1. Educação Formal:

- Considere fazer cursos, diplomas ou graduações relacionados à área de compras, gestão de cadeia de suprimentos, logística ou áreas afins.

2. Cursos e Treinamentos:

- Inscreva-se em cursos e treinamentos específicos para o setor de compras, que abordem tópicos como negociação, gestão de fornecedores e análise de custos.

3. Autoaprendizado:

- Utilize recursos online, como tutoriais, webinars e cursos online, para aprender sobre aspectos técnicos do setor de compras.

4. Participe de Eventos do Setor:

- Conferências, feiras e workshops do setor de compras oferecem oportunidades para aprender com especialistas e ficar atualizado sobre as últimas tendências.

5. Leia Publicações do Setor:

- Mantenha-se atualizado com revistas, blogs e artigos relacionados a compras, gestão de fornecedores e logística.

6. Networking com Especialistas:

- Conecte-se com profissionais experientes no setor de compras. Eles podem compartilhar conhecimentos valiosos.

7. Consulte Fornecedores e Especialistas:

- Consulte fornecedores e especialistas técnicos para entender melhor os produtos ou serviços que você está adquirindo.

8. Aprendizado com a Experiência:

- Aprenda com suas próprias experiências de compras. Analise o que funcionou bem e o que poderia ser melhorado.

9. Entenda os Produtos:

- Desenvolva um entendimento profundo dos produtos ou serviços que você compra. Isso ajuda a fazer escolhas mais informadas.

10. Conheça os Processos de Fabricação:

- Saiba como os produtos são fabricados, desde a matéria-prima até o produto final. Isso ajuda a avaliar a qualidade e os custos envolvidos.

11. Estude as Tecnologias Relevantes:

- Fique a par das tecnologias que afetam sua área de compras, como automação, rastreamento de produtos e gestão de inventário.

12. Aprofunde-se em Aspectos Legais:

- Entenda as questões legais e regulatórias que podem impactar suas decisões de compra, como normas de segurança e conformidade.

13. Mantenha-se Atualizado com Tendências:

- Esteja ciente das tendências emergentes na indústria que podem influenciar suas escolhas de compra.

14. Aprenda com Colegas:

- Compartilhe conhecimentos e experiências com colegas de trabalho. Todos têm perspectivas únicas para oferecer.

15. Participe de Grupos de Discussão:

- Junte-se a grupos de discussão online ou presenciais relacionados ao setor de compras para compartilhar e adquirir conhecimentos.

16. Desenvolva a Curiosidade:

- Esteja sempre curioso para aprender mais. Faça perguntas, pesquise e explore novos tópicos.

Lembre-se de que o conhecimento técnico é construído ao longo do tempo e requer dedicação contínua. Quanto mais você investir em aprender sobre os aspectos técnicos do setor de compras, mais preparado estará para tomar decisões informadas e estratégicas.

Habilidade de Análise de Custos:

Desenvolver habilidades de análise de custos é crucial no setor de compras para tomar decisões informadas e estratégicas que afetam o orçamento e a rentabilidade da empresa. Aqui estão algumas estratégias para aprimorar suas habilidades de análise de custos no contexto das compras:

1. Entenda os Componentes de Custo:

- Familiarize-se com os diferentes componentes que compõem os custos de um produto ou serviço, como custos diretos, indiretos e variáveis.

2. Aprenda os Conceitos Básicos de Contabilidade:

- Entenda os princípios contábeis básicos, como depreciação, amortização e alocação de custos.

3. Calcule o Custo Total de Propriedade (TCO):

- Considere todos os custos associados a um produto ou serviço ao longo de sua vida útil, incluindo aquisição, operação, manutenção e descarte.

4. Analise a Rentabilidade:

- Avalie como a aquisição de um produto ou serviço afetará a rentabilidade global da empresa, considerando tanto os custos quanto os benefícios.

5. Estude Métodos de Análise de Custos:

- Aprenda métodos como análise de valor, custeio ABC (Activity-Based Costing) e análise de margem de contribuição.

6. Compreenda a Relação entre Qualidade e Custo:

- Reconheça como a qualidade dos produtos ou serviços afeta os custos associados, incluindo custos de retrabalho e suporte pós-venda.

7. Use Ferramentas de Análise Financeira:

- Utilize ferramentas como planilhas e software financeiro para realizar análises de custos mais complexas.

8. Análise de Cenários:

- Realize análises de cenários para entender como diferentes decisões de compra podem afetar os custos e a lucratividade.

9. Estude Histórico de Custos:

- Analise o histórico de custos de produtos ou serviços semelhantes para prever tendências futuras.

10. Negociação com Base em Dados de Custos:

- Use informações detalhadas de custos para embasar suas negociações com fornecedores.

11. Mantenha-se Atualizado com Preços de Mercado:

- Esteja ciente das flutuações de preços no mercado para tomar decisões de compra mais estratégicas.

12. Conheça as Principais Métricas Financeiras:

- Familiarize-se com métricas como ROI (Retorno sobre Investimento), ROA (Retorno sobre Ativos) e margens de lucro.

13. Avalie a Relação Custo-Benefício:

- Considere não apenas o custo absoluto, mas também os benefícios e valor agregado de um produto ou serviço.

14. Aprenda com Especialistas Financeiros:

- Consulte colegas com conhecimento financeiro ou converse com especialistas em finanças para obter insights valiosos.

15. Utilize Dados de Benchmarking:

- Compare os custos da sua empresa com os de outras empresas do mesmo setor para identificar áreas de melhoria.

16. Pratique a Análise de Custo-Benefício:

- Aplique a análise de custo-benefício em várias situações para desenvolver sua habilidade de avaliar trade-offs.

Lembre-se de que o desenvolvimento das habilidades de análise de custos é um processo contínuo. Quanto mais você se envolver em análises de custos reais e usar diferentes métodos, mais confiante e eficiente se tornará ao tomar decisões baseadas em dados financeiros sólidos.

Habilidade de Lidar com Pressão:

Desenvolver a habilidade de lidar com pressão é fundamental no setor de compras, onde as demandas frequentes, prazos apertados e situações desafiadoras são comuns. Aqui estão algumas estratégias para aprimorar sua capacidade de lidar com a pressão no contexto das compras:

1. Gerenciamento de Tempo:

- Priorize tarefas, defina prazos realistas e mantenha um cronograma organizado para evitar ficar sobrecarregado.

2. Planejamento Antecipado:

- Antecipe as necessidades e situações potencialmente estressantes. Planeje com antecedência para lidar com desafios.

3. Defina Limites:

- Saiba quando dizer "não" ou delegar tarefas quando sua carga de trabalho estiver muito alta para evitar o excesso de pressão.

4. Divida Tarefas em Etapas Menores:

- Dividir grandes projetos em etapas menores e alcançáveis torna a pressão mais gerenciável.

5. Mantenha a Comunicação Aberta:

- Comunique-se com sua equipe e gerentes sobre seus prazos e desafios. Às vezes, pedir ajuda pode aliviar a pressão.

6. Desenvolva Habilidades de Resolução de Problemas:

- Aprenda a abordar problemas e desafios de maneira estruturada e criativa, o que reduzirá a pressão associada.

7. Mantenha a Calma em Situações de Crise:

- Treine-se para manter a calma e tomar decisões racionais mesmo sob pressão extrema.

8. Pratique a Respiração Profunda e a Meditação:

- Técnicas de respiração profunda e meditação podem ajudar a reduzir o estresse e a ansiedade.

9. Foco no Autocuidado:

- Cuide da sua saúde física e mental através de exercícios, sono adequado, alimentação saudável e tempo para relaxar.

10. Desenvolva Resiliência:

- Desenvolva a capacidade de se recuperar rapidamente após contratempos e voltar ao trabalho com uma atitude positiva.

11. Estabeleça Prioridades Claras:

- Identifique o que é mais importante e concentre sua energia nas tarefas que realmente fazem a diferença.

12. Desenvolva uma Mentalidade Positiva:

- Treine sua mente para ver desafios como oportunidades de aprendizado e crescimento.

13. Peça Suporte quando Necessário:

- Não tenha medo de pedir ajuda a colegas ou superiores quando a pressão se tornar esmagadora.

14. Tenha Uma Estratégia de Relaxamento:

- Tenha uma lista de atividades que relaxam você, como ouvir música, caminhar ou praticar um hobby.

15. Lidere com Exemplo:

- Mostre a sua equipe como lidar com pressão mantendo a calma e adotando uma abordagem estratégica.

16. Aprenda com Experiências Anteriores:

- Reflita sobre situações passadas em que você lidou com pressão e identifique o que funcionou bem.

Lidar com pressão é uma habilidade que se desenvolve gradualmente com prática e autodisciplina. Ao adotar essas estratégias, você estará melhor preparado para enfrentar os desafios do setor de compras e tomar decisões eficazes, mesmo sob pressão.

Gestão de Contratos:

A gestão de contratos é uma parte fundamental do processo de compras, pois garante que os acordos entre compradores e fornecedores sejam cumpridos de maneira eficaz. Aqui está um guia passo a passo sobre como realizar a gestão de contratos no setor de compras:

1. Negociação e Preparação do Contrato:

   - Antes de iniciar a gestão de um contrato, certifique-se de que a fase de negociação tenha sido concluída com sucesso. Isso inclui acordar termos, preços, prazos, condições de pagamento e outros detalhes relevantes.

2. Documentação Detalhada:

   - Prepare um documento de contrato detalhado que inclua todas as informações acordadas durante a negociação. Isso é fundamental para evitar mal-entendidos futuros.

3. Arquivamento Adequado:

   - Mantenha uma cópia do contrato assinado em um local seguro e acessível. Isso facilitará a referência e a consulta durante a vigência do contrato.

4. Designação de Responsabilidades:

   - Defina claramente quem será o responsável pela gestão contínua do contrato, tanto do lado do comprador quanto do fornecedor.

5. Monitoramento de Cumprimento:

- Acompanhe de perto o cumprimento dos termos do contrato por ambas as partes. Verifique se os produtos ou serviços estão sendo entregues conforme o acordado.

6. Comunicação Contínua:

- Mantenha uma comunicação aberta e regular com o fornecedor para garantir que qualquer problema ou desvio seja abordado rapidamente.

7. Identificação de Desvios:

- Esteja atento a qualquer desvio dos termos contratuais e tome medidas corretivas imediatas, se necessário.

8. Avaliação de Desempenho:

- Avalie o desempenho do fornecedor em relação ao contrato. Isso pode incluir qualidade, prazos de entrega, níveis de serviço, entre outros.

9. Renegociação ou Renovação:

- À medida que o contrato se aproxima do fim, avalie se é necessário renovar ou renegociar os termos com base no desempenho e nas mudanças no ambiente de negócios.

10. Resolução de Disputas:

- Em caso de disputas ou problemas, siga os procedimentos estabelecidos no contrato para resolver as questões de forma justa e eficaz.

11. Registro de Alterações:

- Se houver alterações nos termos do contrato ao longo do tempo, documente essas alterações de maneira clara e mantenha todos os envolvidos informados.

12. Avaliação Contínua:

- Periodicamente, avalie a eficácia da gestão de contratos e identifique oportunidades de melhoria.

13. Utilize Ferramentas de Software:

- Considere o uso de software de gerenciamento de contratos para rastrear prazos, alertas e outras informações importantes.

14. Compliance e Regulamentações:

- Certifique-se de que o contrato esteja em conformidade com todas as regulamentações e leis relevantes.

15. Encerramento do Contrato:

- Ao final da vigência do contrato, avalie se todos os termos foram cumpridos e, se necessário, proceda ao encerramento formal.

Lembrando que a gestão de contratos exige atenção constante e uma abordagem proativa. Ao seguir essas etapas e manter uma comunicação aberta e eficaz com os fornecedores, você garantirá que os contratos sejam bem administrados e cumpridos, contribuindo para o sucesso das operações da empresa.

Pensamento Estratégico:

Desenvolver um pensamento estratégico no setor de compras é essencial para tomar decisões informadas e alinhadas aos objetivos da empresa. Aqui estão algumas estratégias para aprimorar o pensamento estratégico no contexto das compras:

1. **Compreenda a Visão Global:**

- Familiarize-se com os objetivos e metas da empresa como um todo. Isso ajuda a alinhar suas decisões de compras à estratégia geral.

2. **Analise o Contexto:**

- Entenda a indústria em que a empresa atua, identifique
tendências emergentes, concorrentes e fatores externos que possam
impactar as compras.

3. **Colabore com Outros Departamentos:**

- Trabalhe em estreita colaboração com outras equipes, como
produção, marketing e finanças, para entender suas necessidades e
como suas decisões de compras as afetam.

4. **Estabeleça Prioridades:**

- Identifique as áreas de compras que são mais críticas para o
sucesso da empresa e priorize seus esforços nessas áreas.

5. **Planejamento a Longo Prazo:**

- Pense além do curto prazo e desenvolva planos de compras que
estejam alinhados com a estratégia de crescimento a longo prazo da
empresa.

6. **Avalie o Valor Agregado:**

- Ao selecionar fornecedores e produtos, considere não apenas o
preço, mas também o valor agregado que eles trazem para a
empresa.

7. **Análise de Riscos:**

- Identifique e avalie os riscos associados às decisões de compras,
considerando como eles podem afetar os objetivos estratégicos.

8. **Desenvolva Cenários Futuros:**

- Antecipe possíveis cenários futuros, como mudanças de mercado
ou tecnológicas, e adapte suas estratégias de compras em
conformidade.

9. **Aprendizado com a Experiência:**

- Reflita sobre decisões de compras anteriores e como elas impactaram a empresa. Use esses insights para melhorar sua abordagem estratégica.

10. **Avalie os Benefícios de Longo Prazo:**

   - Considere como as escolhas de compras afetarão a empresa não apenas hoje, mas também a médio e longo prazo.

11. **Pergunte o "Porquê":**

   - Ao tomar decisões, faça a pergunta fundamental: por que essa escolha é a melhor para a estratégia da empresa?

12. **Desenvolva uma Mentalidade Analítica:

   - Tome decisões baseadas em dados e análises. Isso ajuda a evitar decisões impulsivas e a melhorar o alinhamento estratégico.

13. Mantenha-se Atualizado:

   - Esteja ciente das mudanças no mercado, tecnologia e regulamentações que possam afetar suas decisões de compras.

14. Participe de Treinamentos e Educação:

   - Inscreva-se em cursos, workshops e seminários que abordem o pensamento estratégico no contexto das compras.

15. Peça Feedback:

   - Solicite feedback de colegas, supervisores e membros da equipe sobre suas decisões de compras para obter diferentes perspectivas.

16. Desenvolva sua Intuição:

   - Use sua intuição baseada em conhecimento para tomar decisões quando a análise de dados não é suficiente.

Desenvolver um pensamento estratégico é uma jornada contínua. Quanto mais você praticar a análise de situações sob uma perspectiva estratégica e alinhada aos objetivos da empresa, mais eficaz será em tomar decisões informadas e impactantes no setor de compras.

Flexibilidade e Adaptabilidade:

Flexibilidade e adaptabilidade são características essenciais para profissionais de compras, especialmente em um ambiente de negócios em constante evolução. Aqui estão algumas maneiras de cultivar essas qualidades no setor de compras:

1. Mantenha uma Mente Aberta:

   - Esteja disposto a considerar novas ideias, abordagens e soluções, mesmo que elas não estejam alinhadas com o que você está acostumado.

2. Aprenda com a Mudança:

   - Em vez de resistir à mudança, veja-a como uma oportunidade de crescimento e aprendizado. Adapte-se às novas situações e desafios.

3. Aceite a Incerteza:

   - O ambiente de compras pode ser incerto. Desenvolva a capacidade de lidar com a incerteza e tomar decisões informadas mesmo quando não tem todas as informações.

4. Seja Ágil:

   - Responda rapidamente a mudanças e ajuste suas estratégias conforme necessário. A agilidade é crucial no setor de compras.

5. Desenvolva Habilidades Multifuncionais:

   - Adquira conhecimentos em várias áreas relacionadas, como logística, finanças e cadeia de suprimentos. Isso tornará você mais flexível em diferentes situações.

6. Pratique a Resiliência:

- Desenvolva a capacidade de se recuperar rapidamente de contratempos e manter uma atitude positiva mesmo em face de desafios.

7. Aprenda com Erros:

- Em vez de se sentir desencorajado por erros, veja-os como oportunidades de aprendizado e melhoria.

8. Esteja Disposto a Aprender:

- Mantenha-se atualizado com as últimas tendências e desenvolvimentos no setor de compras. Esteja disposto a adquirir novos conhecimentos e habilidades.

9. Flexibilidade na Negociação:

- Seja flexível durante as negociações, considerando diferentes cenários e compromissos para alcançar um resultado mutuamente benéfico.

10. Saiba Quando se Adaptar:

- Reconheça quando é apropriado se adaptar às circunstâncias e quando é importante manter suas posições.

11. Construa Relacionamentos Sólidos:

- Ter uma rede de contatos sólida pode ajudar você a obter informações atualizadas e a se adaptar mais rapidamente a mudanças.

12. Desenvolva a Resolução de Problemas Criativos:

- A criatividade é essencial para encontrar soluções em situações desafiadoras e imprevisíveis.

13. Mantenha a Calma sob Pressão:

- Treine-se para manter a calma e tomar decisões ponderadas mesmo quando enfrenta situações estressantes.

14. Esteja Aberto a Feedback:

- Aceite feedback construtivo dos outros e use-o como uma oportunidade para melhorar.

15. Foco no Resultado Final:

- Concentre-se nos resultados desejados e esteja disposto a ajustar seu curso para alcançá-los, mesmo que isso exija adaptação.

A flexibilidade e adaptabilidade são habilidades que podem ser desenvolvidas ao longo do tempo com prática e autoconsciência. Ao incorporar essas qualidades em sua abordagem no setor de compras, você estará mais bem preparado para enfrentar os desafios e incertezas que surgem no ambiente de negócios em constante mudança.

Ética e Integridade:

Ética e integridade são fundamentais no setor de compras, pois ajudam a construir relacionamentos confiáveis, a manter a transparência e a garantir que as decisões sejam tomadas de maneira justa e ética. Aqui estão algumas orientações para promover a ética e a integridade no setor de compras:

1. **Transparência Total:**

- Mantenha transparência em todas as suas interações com fornecedores, colegas e outras partes interessadas. Evite ocultar informações ou agir de forma enganosa.

2. **Cumprimento das Políticas:**

- Familiarize-se com as políticas de ética e conduta da sua empresa e siga-as rigorosamente em todas as suas atividades de compras.

3. **Evite Conflitos de Interesse:**

- Evite situações em que possa haver um conflito entre seus interesses pessoais e os interesses da empresa. Tome decisões imparciais.

4. **Escolha Baseada em Mérito:**

- Faça seleções de fornecedores com base em critérios objetivos, como qualidade, preço e histórico de desempenho, em vez de favorecimentos pessoais.

5. **Evite Presentes e Subornos:**

- Não aceite presentes, incentivos ou subornos de fornecedores em troca de vantagens indevidas. Mantenha sua independência.

6. **Gestão Adequada de Conflitos de Interesse:**

- Caso surja um conflito de interesse, informe-o imediatamente aos superiores para garantir uma abordagem transparente e apropriada.

7. **Respeito pela Propriedade Intelectual:**

- Respeite os direitos de propriedade intelectual e não utilize informações confidenciais de fornecedores para benefício próprio ou da empresa.

8. **Proteção dos Dados:**

- Mantenha a confidencialidade das informações sensíveis relacionadas a fornecedores, preços e estratégias de compras.

9. **Igualdade e Diversidade:**

- Trate todos os fornecedores com igualdade, independentemente de sua origem, gênero, raça ou outra característica.

10. **Tomada de Decisões Éticas:**

- Ao tomar decisões de compras, considere não apenas os aspectos financeiros, mas também os impactos éticos e sociais.

11. **Denuncie Atividades Suspeitas:**

    - Se você suspeitar de qualquer atividade ilegal ou antiética, reporte-a imediatamente aos canais apropriados da empresa.

12. **Promova uma Cultura Ética:**

    - Incentive colegas e membros da equipe a aderir a padrões éticos elevados e demonstre, por meio de suas ações, o valor que você atribui à ética e à integridade.

13. **Capacitação e Treinamento:**

    - Mantenha-se atualizado com treinamentos sobre ética e conduta no local de trabalho para entender melhor os padrões esperados.

14. **Avalie Riscos Éticos:**

    - Avalie os riscos éticos de decisões de compras e considere como eles podem afetar a reputação da empresa.

15. **Apoio da Liderança:**

    - Garanta que a liderança da empresa promova e exemplifique uma cultura de ética e integridade.

Lembrando que a ética e a integridade são construídas ao longo do tempo através de ações consistentes e de tomar decisões alinhadas a padrões éticos elevados. Ao manter esses princípios no centro de suas atividades de compras, você contribuirá para um ambiente de trabalho mais confiável e sustentável.

RESUMINDO

Independentemente de qual profissão tenhamos precisa-se de capricho.

Existe uma citação do Cortella sobre capricho:

"- Capricho é faça o teu melhor, na condição que você tem, enquanto você não tem condições melhores, para fazer melhor ainda!"

Então como diz o Mario Sergio Cortella: Faça o seu melhor, não faça o possível.

"Mediocridade é fazer o possível, ser mediano, mesmo tendo condições de fazer o melhor."

Não seja medíocre, seja o seu melhor, até você ter condições de fazer melhor ainda.

Então qual é o melhor? Estude, aprimore-se, não seja arrogante, o ignorante normalmente é o que acha que sabe muito.

A melhoria continua é infinita, então sempre pode ser melhor que antes, faça com amor. Se você fizer com amor, CAPRICHO, irá ser seu melhor e você ira se destacar além de receber abundantemente recompensar financeiras que passará a nem ser mais motivo de preocupação para você.

Eu desejo todo sucesso do mundo para você que leu esse livro e eu espero que tenha ajudado.

* 9 7 9 8 8 5 7 4 4 9 9 1 2 *